PANÉGYRIQUE

DE SAINT MARTIN

PRÊCHÉ LE 11 NOVEMBRE 1888

DANS L'ÉGLISE CATHÉDRALE DE TOURS

PAR M. L'ABBÉ PLANUS

VICAIRE GÉNÉRAL D'AUTUN

TOURS

ALFRED MAME ET FILS, ÉDITEURS

1888

Messeigneurs [1],
Mes Frères,

Travailler à la diffusion et aux applications de la science est un des plus nobles emplois de la vie ; lutter pour une idée généreuse, pour une grande cause, vaut mieux ; rien n'est au-dessus de l'honneur que Dieu fait à une de ses créatures, quand il l'appelle à propager puissamment l'Évangile.

Un homme se recueille et se dit : Je crois à Jésus-Christ Sauveur ; je crois que de Lui, dans le monde, de sa doctrine, de ses exemples, de son action, datent des ressources divines pour le bien ; que je puis m'employer à les répandre, et par là même concourir à l'avènement du règne de Dieu sur la terre..., en vérité, je ne sache pas qu'il y ait une séduction plus merveilleuse ni un plus haut sommet d'espoir.

Les saints ont été les ouvriers intelligents et vaillants qui ont prêté au Christ une coopération meilleure, les saints de tous les pays et de tous les temps, ceux dont les noms sont devenus fameux, et ceux qui, demeurés obscurs, composent cette grande foule ano-

---

[1] Mgr Meignan, archevêque de Tours.
Mgr Gonindard, archevêque de Sébaste, coadjuteur du cardinal Place, archevêque de Rennes.
Mgr Bourret, évêque de Rodez.
Mgr Labouré, évêque du Mans.
Mgr Lecoq, évêque de Nantes.
Mgr Ardin, évêque de la Rochelle.

nyme que l'Église, il y a quelques jours, nous invitait à contempler : *Turbam magnam quam dinumerare nemo poterat*[1].

Presque au début des âges nouveaux, entre les plus illustres de ces ouvriers puissants du Christ, saint Martin se place au premier rang. Il se tient à une hauteur exceptionnelle, sa popularité est sans égale. Je sais bien quelle explication rationaliste on a voulu donner de cette puissance et de cette popularité même. On a dit que l'Occident, jaloux des merveilles dont l'Orient chrétien était le théâtre, s'était flatté, à l'aide d'un personnage légendaire, de se créer une renommée et un prestige à son tour. Ceci est de la fantaisie pure. Saint Martin n'est devenu et n'est resté l'objet de la vénération et de la reconnaissance universelles que parce qu'il a fait, en réalité, de très grandes choses. Saint Martin, *bellator Christi,* comme disaient les vieilles prières, fut en toute vérité, à l'aurore de notre histoire, le grand apôtre de notre pays.

Ne serait-il pas intéressant et très opportun de rechercher par quelles influences cet homme de Dieu a surtout exercé sa prodigieuse action sur le ive siècle, puis de nous demander si ces mêmes influences, de nos jours, ne pourraient pas encore produire les mêmes résultats ? Je me suis livré à cette étude et à ce rapprochement. J'ai été émerveillé, ébloui. J'entreprends de vous faire partager ma religieuse admiration. Ne pouvant pas tout dire, je choisirai dans la vie de l'immortel évêque de Tours trois principaux aspects de sa sainteté : son zèle, sa charité, sa piété. J'essayerai de faire de ces vertus, telles qu'il les a comprises et pratiquées, une vivante application au temps où nous sommes. *Nova et vetera.*

Messeigneurs,

Je place le dernier discours de cette neuvaine édifiante sous l'égide de votre commune bénédiction. Ç'a été pour moi, pendant toute cette semaine, un très grand honneur que de parler des devoirs des chrétiens d'aujourd'hui envers leur foi, devant le premier pasteur de ce diocèse, de m'appuyer en même temps à sa bienveillance qui est paternelle, à son savoir qui est vaste, à son

---

[1] Apoc. vii, 9.

amour de Jésus-Christ et de l'Église qui est ardent; ce soir, l'honneur s'accroît de tout l'éclat que votre présence donne à cette belle fête, et je sais le comprendre. Cette belle fête!... pourquoi faut-il qu'une ombre et qu'un deuil viennent douloureusement s'y mêler? Un de vos frères dans l'épiscopat, Messeigneurs, un de ceux qui, déjà brisé de fatigues glorieuses, en avait le plus récemment accepté le fardeau, disant comme saint Martin : *Non recuso laborem*, devait siéger ici au milieu de vous. Il y a trois jours, prématurément, presque subitement, il est retourné à Dieu[1]. Certes, ce n'est point à moi qu'il appartient d'entourer son cercueil à peine fermé, d'un premier hommage de regrets et de larmes; tout me garde de cette prétention. Mais, si obscur que je sois, ne puis-je pas, même devant vous, Messeigneurs, exprimer d'un mot ma tristesse? *Princeps et maximus cecidit hodie in Israel*[2], dirai-je avec l'auteur du livre des Rois. Ce grand esprit et ce grand cœur, après avoir rendu à la vérité tant et de si éminents services, pouvait si bien continuer d'en rendre encore! O pontife, qui aviez éminemment le sens du *Nova et vetera* de l'Évangile, laissez en ce moment, à travers la mort, rayonner sur mon âme quelque chose de votre âme, et vous aussi bénissez-moi!

I

J'ai parlé du zèle de saint Martin. Je voudrais rapidement et avec le plus de netteté possible en dégager le trait distinctif.

C'est un point d'histoire que les archéologues et les érudits ont mis en lumière désormais : les premiers ouvriers évangéliques des Gaules, quelle que soit la solution qu'on adopte au sujet de leur apostolicité, avaient de préférence exercé leur ministère dans les centres populeux créés par les Romains d'un bout à l'autre du pays conquis, dans les *civitates,* où s'amassaient les trésors, et aussi les erreurs, et aussi les vices de la civilisation païenne: Denis

---

[1] Mgr Bougaud, évêque de Laval.
[2] II Reg. iii, 38.

à Paris, Martial à Limoges, Paul à Narbonne, Saturnin à Toulouse, Trophime à Arles, Crescent à Vienne, Gatien à Tours, Irénée et Pothin à Lyon. Comme saint Paul à Athènes, ils trouvaient là, sur place, au milieu de tout ce qui heurtait leur foi en Jésus-Christ, une ample excitation de zèle. Je me les représente, comme le grand Apôtre, en proie à une sorte d'émotion fiévreuse : *Incitabatur spiritus ejus in ipso, videns idololatriæ deditam civitatem* [1].

Pendant ce temps, les habitants des campagnes, les indigènes, les autochtones, les clans gaulois, les *pagi* ne bénéficiaient que peu ou point du tout de leur apostolat. Perdus dans leurs forêts mystérieuses, le long de leurs rivières, au bord de leurs sources, ils restaient sous la domination à la fois religieuse et civile, si ce mot n'est point trop relevé, des druides. Qu'était-ce que le druidisme ? Dogmatiquement, un panthéisme grossier, une sorte de divinisation grossière des forces de la nature avec une très vague, très problématique notion de l'immortalité de l'âme; liturgiquement et dans la pratique, un amas de superstitions de bas étage, auxquelles se mêlaient, même au commencement du IVe siècle, malgré une certaine sévérité des lois et de la police romaines, des sacrifices sanglants, l'immolation des prisonniers et des vaincus, ou, s'il ne s'en rencontrait pas, des premières victimes qui tombaient sous la main. Le druide plongeait dans la poitrine du malheureux voué à la mort son large couteau, et cherchait dans les angoisses de son agonie le secret de l'avenir. Il y a loin de là, je le sais, aux tableaux de convention que tel historien ou tel romancier du jour se complaît à faire de la religion de nos ancêtres les Gaulois. Poésie charmante que cette vision du druide austère et doux, à la barbe majestueuse, vêtu de sa longue robe blanche, et cueillant de sa faucille d'or, au nom de Teutatès, de Belénus ou d'Hésus, le gui sur les grands chênes ! Mais la poésie n'est pas l'histoire, et l'histoire, y compris les Commentaires de César, nous laisse de tout autres souvenirs. Polythéisme matérialiste, superstitions, cruautés, voilà surtout ce dont le druidisme véridique semble avoir été fait.

----

[1] Act. XVII, 16.

Saint Martin de bonne heure s'était préoccupé du sort des habitants des campagnes. Quand il est arraché par une ruse pieuse à sa solitude aimée de Ligugé, pour être placé sur le siège de saint Gatien, à Tours, il apporte dans ses fonctions nouvelles la préoccupation qui a le plus assiégé son âme depuis qu'il est prêtre : *Evangelizare pauperibus misit me* [1]. Sans doute la population brillante de la cité des *Turones* excite son ardeur, mais je ne sais quelle préférence intime l'attire plus puissamment vers les hommes des forêts et des champs. Et alors, avec un dévouement qui ne se ralentira plus jusqu'à son dernier souffle, il se fait le missionnaire des campagnes, luttant contre les faux dieux, renversant leurs statues, faisant tomber les chênes et les pins sacrés, abattant les sanctuaires informes, prêchant partout l'Évangile, dressant partout la croix. Il en agit ainsi dans cette région du centre des Gaules et ailleurs, sur le parcours de ses longues pérégrinations à Trèves, ou de ses autres voyages jusque dans le pays éduen, Bibracte et Augustodunum, qui, j'en puis ici rendre témoignage, ont gardé de son apostolat un impérissable souvenir. Il ne se contente pas de paraître et de disparaître, il crée partout où il passe un centre religieux, germe de la future paroisse rurale ; il laisse au milieu des populations qu'il a gagnées à la foi un de ses fils, un de ses frères de Ligugé ou de Marmoutiers, type naissant du clergé séculier de l'avenir, du curé de campagne, de l'humble, du pauvre, du courageux et admirable curé de campagne, le plus souvent sorti des rangs du peuple, et qui retourne porter au peuple les trésors de croyance et de dévouement dont il s'est enrichi par son sacerdoce. Et quand il mourra à Candes, à plus de quatre-vingts ans, ce sera dans le *presbyterium* délabré d'une de ces chrétientés des champs qui dataient de lui.

Apostolat deux fois touchant et salutaire que cet apostolat de saint Martin au milieu des petits, des oubliés de la civilisation romaine. D'abord, le sachant et le voulant, l'homme de Dieu leur témoignait un intérêt et leur apportait un salut auquel ils avaient droit au même titre que les habitants de la Cité ; ensuite, sans le savoir, il préparait par le meilleur moyen, le seul moyen efficace,

---

[1] Luc. iv, 18.

la prochaine éclosion de l'Évangile sur tout le territoire des Gaules. L'heure n'était plus loin où les barbares, les Francs au premier rang, renversant sur leur passage partout ouvert les faibles barrières qu'opposerait encore la puissance romaine abâtardie, allaient se répandre comme un flot sur le vieux sol de notre patrie. Ils n'avaient pas, eux, le goût ni l'habitude des *civitates*. C'étaient de rudes hommes du Nord, moitié chasseurs, moitié guerriers. Ils aimaient les champs, les bois, les fleuves, les montagnes; ils devaient se fixer partout à travers le pays envahi. Et dès lors il était bon, pour les gagner d'avance au christianisme, qu'ils vissent ce qu'étaient des chrétiens, et fussent à leur contact initiés aux premiers enseignements de l'Évangile et de la Croix.

Evangelizare pauperibus misit me... Le zèle pour l'homme du peuple opportun au IVᵉ siècle, souverainement opportun de nos jours. *Nova et vetera.*

A vrai dire, il n'y a pas de dates ni de moments choisis pour cette opportunité : elle est de tous les temps. Jésus-Christ, l'Évangile en témoigne, s'est appliqué à lui-même la parole d'Isaïe; il a fait de cet apostolat auprès des petits la caractéristique de sa mission. Quoi d'étonnant? Le peuple, c'est la grande moisson des âmes, c'est le nombre, c'est la foule. Des élites, des groupes, je le veux bien, il en faut; mais une âme en définitive est une âme ici aussi bien que là, dans la rue, sur le sillon, au milieu de l'usine, comme à l'académie ou au salon. Le champ du plus grand labeur sera donc le champ de l'apôtre; sa préférence, sans nul oubli ni dédain des supériorités que créent la naissance, la fortune, la situation, le rang, lui est logiquement dictée par la nature même de sa vocation.

Ce qui de notre temps ajoute au zèle apostolique en faveur de ceux que l'Évangile désigne par ce mot touchant, *pauperibus*, un motif de plus, c'est qu'ils sont en butte à un formidable assaut d'incroyance mené contre eux de toutes parts Que ne dit-on pas chaque jour à l'homme du peuple pour le détacher de sa foi et le pousser à une sorte de néo-paganisme des doctrines et des mœurs? On le flatte, on le menace, on l'humilie, on le prend par les susceptibilités les plus légitimes de son être, on travestit à ses yeux l'enseignement de l'Église, on dénature son histoire, on lui ins-

pire à l'égard du prêtre des jalousies ou des aversions passion-
nées. Sous l'influence ininterrompue de ces excitations, il en vient
à se détourner même de Jésus-Christ. Oh! s'il ne s'éloignait que de
nous! Mais le mouvement qui l'entraîne le détache de Celui qui
pour lui surtout est voie, vérité et vie, de Celui dont il a tant
besoin pour vivre, travailler, souffrir, mourir. Et c'est là le
plus douloureux, le plus poignant. Et c'est à ce mal qu'il faut
de toute nécessité, tous, porter remède. Simples fidèles et prêtres,
notre devoir de venir en aide à la détresse d'âme de nos frères en
péril est d'autant plus impérieux, que le péril s'affirme et s'accroît davantage. Nous ne négligerons point assurément les inté-
rêts et les besoins des esprits cultivés, que tant de dangers me-
nacent à leur tour. Nous répondrons par la science vraie aux
séductions et aux sophismes de la fausse science, nous lutterons
pied à pied sur tous les terrains où nous appellent les adversaires,
nous ferons la lumière sur toutes les ombres qu'ils amassent à
plaisir. Au ive siècle, saint Hilaire écrivait sur la Trinité ses livres
immortels, tandis que saint Martin évangélisait les populations
rurales en leur parlant leur simple langage. Il y aura aussi parmi
nous des docteurs capables de tenir tête aux plus exigeants, il y
en a, il en naîtra d'autres, de jour en jour mieux armés pour
le bon combat; mais notre effort principal, mais notre grand pro-
sélytisme, sera pour le travailleur, pour l'ouvrier, pour le peuple,
dont les destinées humaines et divines, du temps et de l'éternité,
se jouent à cette heure sous nos yeux. Ces choses ne se discutent
pas. On les rappelle, les conclusions s'imposent d'elles-mêmes.

Autre motif encore pour le croyant, apôtre par vocation, ou
chrétien convaincu seulement, de se faire aujourd'hui une haute
idée, une pressante obligation de sa mission envers le peuple, c'est
que le peuple incontestablement prend dans la hiérarchie sociale
et au grand soleil de la vie publique une place et une part qu'il
n'avait pas eues jusque-là. On peut s'inquiéter de cette évolution, on
peut y applaudir, elle se poursuit et rien ne l'enchaînera désormais. Eh bien! entre penseurs, entre amis des vrais progrès de
l'avenir, la question est de savoir au profit de quelle idée cette
force montante va prendre son niveau, pour ou contre l'Évangile,
pour ou contre la sainte foi du Christ. N'est-il pas aisé de prévoir

que, suivant l'une ou l'autre de ces hypothèses contraires, tout sera changé? l'avènement de la justice, de la paix, de la prospérité, fruit de la paix, d'un côté; de l'autre, les pires dangers de divisions intestines, de luttes fratricides sans repos ni trêve, sous l'inspiration grandissante de la haine.

Nous le prévoyons si bien que nous nous sommes mis à l'œuvre de vingt côtés à la fois déjà; écoles libres, patronages, cercles paroissiaux, ou autres, conférences de Saint-Vincent-de-Paul, il y a partout en France une tendance accentuée de la part des chrétiens à se porter d'un noble et loyal élan vers le peuple. Que toutes les tentatives n'aient pas répondu aux espérances qu'on en avait conçues, qu'il y ait à retoucher ici et là aux programmes, qu'il faille unir encore plus, dans un faisceau plus serré, la force des bons vouloirs, en laissant plus d'indépendance aux initiatives privées, cela est possible, et cela nécessairement devait être. L'important c'est que l'inspiration supérieure ne se voile et ne se refroidisse plus. Pas d'arrêt, pas de défaillance, surtout pas d'abdication. Que ce qui existe déjà s'améliore, que ce qui doit grandir grandisse, que ce qui reste à naître naisse à son heure et porte ses fruits. L'avenir chrétien de notre pays et de tous les pays est à ce prix : *Nova et vetera.*

II

Le zèle de saint Martin, ensuite sa charité. Je voudrais, pour plus de netteté et de précision, distinguer entre ce que j'appellerai sa charité matérielle et sa charité spirituelle, rattachant l'une et l'autre à deux incidents fameux de sa vie.

La peinture, la sculpture, la poésie, ont à jamais immortalisé la touchante histoire du pauvre d'Amiens, avec lequel Martin, jeune encore, encore catéchumène, soldat romain, partage son manteau. Il a vingt-deux ans; il est cavalier et *circuitor*, c'est-à-dire chargé de faire autour de la place forte où il tient garnison des rondes nocturnes. C'est au retour de l'une de ces courses qu'un soir de l'hiver de 337 à 338, au moment de rentrer dans la cité, il trouve sur son chemin un malheureux réduit au plus extrême abandon. N'écoutant que son cœur, il déchire sa chlamyde et en jette la moitié sur les épaules de l'indigent. Voilà le fait historique à la fois et légendaire dont il sera parlé, comme des saintes prodigalités de Madeleine, jusqu'à la fin des temps.

Saint Martin, ému de pitié devant la misère d'un mendiant, se dépouillant dans un élan de générosité de son vêtement pour le couvrir, par avance venge l'aumône et l'assistance matérielle du discrédit superbe qu'affectent certains économistes de nos jours. A chacun selon ses besoins, a-t-on dit; c'est le principe de l'Évangile, principe touchant sans doute, mais inconsistant et mobile, sans fixité, sans régularité, comme la compassion d'où il découle, laquelle, n'étant qu'une impression subjective, n'existe pas au même degré chez tous les hommes ni même en chacun de nous, toujours. A ce principe nous en substituerons un autre : A chacun selon ses droits. Voilà qui est plus ferme, au-dessus et à l'abri des fluctuations de l'impression personnelle. Chacun recevra de la société, dans une répartition de plus en plus équitable, ce qui lui est dû au nom de sa part de travail, quelle qu'elle soit, et des services que ce travail a rendus. Très bien; mais si, par une supposition qui n'a rien de chimérique, je n'ai, moi misérable, que des besoins et pas de droits. Si une infirmité de naissance, ou une maladie obstinée, ou quelque accident fortuit, m'ont réduit à l'impuissance radicale de produire avec mes mains une œuvre quelconque; si je ne suis capable ni de gagner mon pain, ni de me vêtir, ni de m'abriter, que vais-je devenir? Vraisemblablement le pauvre d'Amiens en était là. Que l'indigence simulée ou exagérée, tournant à l'exploitation, soit sévèrement poursuivie, rien de mieux; que les réformes capables d'assurer du travail à tous et d'améliorer le sort des travailleurs se répandent de plus en plus, nous les appelons de nos vœux, nous sommes pour y applaudir. Mais cela fait, ne restera-t-il plus rien à faire? Place aux améliorations qui facilitent les droits proprement dits, qui augmentent la capacité des droits; mais place aussi et toujours à la sainte charité, qui se penche avec de douces paroles et un peu d'or sur les déshérités de la vie, sur les vaincus de la lutte du travail, lorsque décidément ils n'ont rien à attendre de leurs œuvres. *Nova et vetera.*

L'aumône de saint Martin se recommande à un autre titre et cache un autre enseignement, qu'il nous est utile d'entendre. Elle n'est pas faite seulement avec du superflu, elle tranche dans le vif, elle est coûteuse, elle prend sur le nécessaire. Ce cavalier qui rentre d'une longue course, en plein hiver, n'a pas trop de sa chlamyde pour se garantir du froid; il s'expose en outre, quand il regagnera son poste, retrouvera ses camarades et racontera son aventure, aux lazzi de la troupe joyeuse. Ni crainte du malaise physique ni appréhension des railleries ne l'arrêtent; il voit ce qu'il est bon de faire, il le fait. Et ceci encore est un exemple à suivre, un exemple d'une rare opportunité.

Ne parlons pas du respect humain, dont il faut constater qu'il diminue au milieu de nous, dont il faut espérer qu'il ne restera bientôt plus de traces, la grâce de Dieu aidant, et aussi l'esprit d'indépendance que porte avec soi la liberté et le goût du jour. Parlons de la nécessité pour le riche de ne pas restreindre toujours sa générosité au seul abandon du superflu. Que de merveilles de plus s'accompliraient dans le monde, si de toutes parts le superflu était réservé au bien ! Qu'il s'en faut, hélas ! qu'il le soit ! Que de prodigalités frivoles, vaniteuses, insensées, des miettes desquelles on rassasierait les pauvres ! Je ne suppose pas qu'il se rencontre ici des chrétiens à qui s'appliquent ces reproches; ce que je veux dire, c'est que pour de vrais disciples de l'Évangile le sacrifice du seul superflu ne doit pas toujours suffire. Jusqu'où donc faut-il aller? Je n'ai pas de conseils à faire entendre du haut de cette chaire ni de cas de conscience à résoudre. *Ponere animam suam pro fratribus suis,* donner pour ses frères quelque chose de coûteux, qui touche de près à ce qu'on a de plus cher, la vie; sous une forme ou sous une autre, à un degré quelconque, donner sa vie : voilà la règle. La charité dans le monde ne produira tous ses fruits que lorsqu'elle sera, non plus par exception et au nom de vocations spéciales, mais universellement, poussée jusque-là, lorsqu'il se mêlera à l'aumône facile un sacrifice réel des aises, du bien-être, de ce qui est devenu une habitude de surérogation, de ce qui est réputé indispensable et qui ne l'est pas.

Je m'attarde peut-être trop; j'ai à parler de la charité spirituelle de saint Martin. Les faits auxquels elle se rapporte sont moins connus que l'anecdote populaire d'Amiens; ils méritent cependant de l'être. Au commencement du ive siècle, une hérésie, une secte où il entrait du manichéisme et de l'arianisme, sans parler de mœurs détestables, s'était implantée en Espagne. Priscillien en était le chef. Ithace, évêque catholique d'Espagne, se trouvait alors auprès de l'empereur Maxime, à Trèves. Effrayé des progrès de l'erreur et du mal dans son pays, il demande à l'empereur et obtient de lui la promesse d'une répression violente et sanglante.

Saint Martin, à Tours, apprend ce qui se passe, ce qui se prépare. Sans hésiter, il se met en route pour aller supplier Maxime de ne pas entrer dans cette voie, de ne pas obtempérer aux conseils et aux désirs dont on le presse. Il a soixante et dix ans. La distance de Tours à Trèves est grande, les chemins sont difficiles; il ne compte point avec l'obstacle, il part. Saint vieillard au noble cœur, vrai disciple du Christ, que tous les anges du ciel guident ses pas! Il arrive. Il se jette aux pieds du César de circonstance, et toute sa prière se borne à ce cri : « Pas de sang! pas de sang! » Il est écouté. Maxime l'assure que Priscillien et ses adhérents ne subiront point les rigueurs projetées.

Sur cette assurance, saint Martin regagne le centre des Gaules et sa ville épiscopale. Mais après quelque temps Ithace avait repris sur l'empereur sa première influence. Cette fois il obtint une condamnation en règle, un arrêt dont se chargea le proconsul Évodius. Priscillien et quelques autres avec lui sont mis à mort; les poursuites vont se répandre dans l'Espagne entière, les exécutions capitales vont se multiplier.

Saint Martin n'y tient plus. Il recommence un second voyage. Dans la même attitude de suppliant, il renouvelle auprès de Maxime ses instances. Celui-ci, gagné de nouveau, s'engage à couper court aux mesures prises; comme gage de conciliation, il sollicite de l'homme de Dieu qu'il se rencontre dans une solennité publique avec Ithace. Le vieil évêque de Tours hésite. Pourtant, dans l'espoir d'affermir les résultats obtenus et d'en finir avec ce cauchemar de la violence et du sang, il consent à cette rencontre. Pauvre saint vieillard! il se le reprochera jusqu'à son dernier soupir.

À quoi se résume cette très véridique histoire? quel en est l'enseignement? Au rebours d'Ithace, saint Martin ne veut pas que par un coup de force, par une violence matérielle, par une exécution sanglante, on supprime l'adversaire. Un concile de Turin, qui se tient à peu de temps de là, se prononce comme lui contre Ithace et ses partisans, et le pape saint Sirice approuve les décisions du concile. Je suis attiré par ces indications, je regarde de plus près. Je vois que, tandis que saint Martin, dans l'affaire des priscillianistes, prend l'attitude, tient le langage que nous venons de dire, de concert avec le concile et le pape, saint Athanase, le grand proscrit d'Orient en Occident, la victime d'Arius et des ariens, pense et parle comme lui ; je vois que saint Hilaire, le proscrit d'Occident en Orient, pense et parle comme lui ; je vois que saint Augustin, dans ses luttes avec les donatistes, pense et parle comme lui. *Ab eorum sanguine etiam juridicum gladium cohibe propter Christum*, écrit l'évêque d'Hippone au proconsul Apringius. Saint Ambroise de même. Unanimité significative de ces grands hommes et de ces grands saints, dans leur façon de comprendre le combat pour la vérité. C'est l'interprétation pratique de l'évangile de l'ivraie et du bon grain, évangile que, par une coïncidence dont je m'empare, vous avez lu ce matin même, mes frères, à la fin de la messe. Il y a dans un champ, mêlée au froment, de l'ivraie. Les serviteurs empressés viennent dire au maître : « Voulez-vous? Nous arracherons l'ivraie... — Non, répond le maître, ne faites pas cela, de peur qu'en arrachant l'ivraie, vous arrachiez aussi le bon grain. »

Nova et vetera. Je serai bref et je serai précis. Ce que je vais dire, je l'ai souvent médité devant Dieu. Nous sommes parfois tentés, chrétiens de ce temps, au milieu des douleurs qui nous accablent, des humiliations dont on nous abreuve, des obstacles qu'on nous oppose, des menaces qu'on nous prodigue, nous sommes tentés de souhaiter que la force nous débarrasse des adversaires. Est-ce la meilleure solution? Oserions-nous le croire? La violence triomphe momentanément. La violence n'a pas de prise sur la conscience et sur les idées. La violence prépare inévitablement les revanches formidables du lendemain.

Certes, nous n'abdiquerons aucun de nos droits, nous ne cesserons de réclamer aucune de nos libertés, nous protesterons contre tous les dénis de justice, nous attendrons des pouvoirs publics cette protection honnête, désintéressée, sage, à laquelle l'Évangile a droit au sein des sociétés humaines ; mais nous ne désirerons pas trop que la force, mise à notre usage et à notre profit, nous délivre comme par enchantement des contradictions et des luttes. Ce n'est apparemment point là ce que nous réserve la Providence, ni aujourd'hui déjà, ni demain, ni dans l'avenir. La Providence, elle nous crie par la voix de saint Paul : *State in fide, viriliter agite*[1]. O chrétiens ! vous croyez à l'Évangile et à Jésus-Christ, ne doutez donc pas si aisément de la bonté de votre cause, n'ayez donc pas si aisément peur des objections, et du sophisme bruyant qui passe. O chrétiens ! vous portez en vous la grâce et la puissance du Christ, faites-la rayonner sans repos ni trêve par la parole, par la plume, par les œuvres ; développez toutes vos forces, exercez toutes vos influences, poussez plus loin que vous ne l'avez fait encore, par des efforts plus généreux, l'expansion des énergies saintes qui sont en vous pour vaincre le monde. Voilà qui est plus viril, mes frères, que l'intervention de la violence matérielle, qui nous honore davantage, et surtout qui est plus fécond.

Et que personne, quand nous nous rangerons à ce parti courageux, à cette intelligence vaillante des conditions qui nous sont faites, ne suspecte notre zèle. Vient-il à l'esprit de qui que ce soit d'accuser saint Martin de complicité avec les priscillianistes, ou saint Athanase de pactiser avec les ariens, ou saint Augustin avec les donatistes ? Une apparence même de soupçon tomberait sous le ridicule. Eh bien ! nous défendrons qu'on nous suspecte nous aussi, chrétiens de ce siècle qui nous instruisons du passé ; et si les suspicions injustes s'obstinent, au souvenir de l'apôtre des Gaules dont nous fêtons la glorieuse mémoire, au souvenir de ses contemporains à jamais illustres, nous irons devant nous, droit devant nous, dans la dignité de notre conscience, dans la sérénité et la paix. *Nova et vetera.*

[1] I Cor. XVI, 13.

III

Quelques mots encore. Il reste à parler de la piété de saint Martin. Les détails les plus authentiques de son histoire le prouvent : c'était une âme naturellement contemplative que ce fils de légionnaire, grandi au milieu des récits et des contacts de la vie des camps. De bonne heure il aspire au recueillement, à la solitude. Quand il reçoit le baptême, quand il vient se mettre à l'école de saint Hilaire, dont la renommée emplit la Gaule et le monde, il ne songe même pas à entrer dans les ordres, à devenir prêtre un jour. La perspective effrayerait son humilité. Il ne se croit pas né pour un si grand honneur, il n'aspire qu'à être près de Dieu, dans la liberté du silence et de la prière. C'est pourquoi nous le voyons se retirer à Ligugé, doux asile contre les bruits du monde. Entouré de quelques frères, il jette en Occident les premiers fondements de la vie religieuse. Non pas qu'il se vouât exclusivement à la contemplation comme le faisaient les solitaires d'Orient, — nous l'avons déjà remarqué, le souci et le besoin de l'apostolat parmi les habitants des campagnes lui emplissaient le cœur, — mais il essayait d'unir l'activité à la retraite et aux habitudes de recueillement.

Lorsque de Ligugé il est attiré à Tours par une ruse innocente et pieuse, et porté aux charges et à la dignité de l'épiscopat, comment pourra-t-il encore concilier ses exigences d'âme avec les devoirs de sa nouvelle situation? Je n'ai pas à vous l'apprendre. Marmoutiers et ses vieux souvenirs vous sont connus à vous, chrétiens de ce pays. Le long de votre belle Loire, à quelque distance de la cité, se rencontraient des collines toutes percées de grottes naturelles, ou, qui sait? de grottes creusées de mains d'hommes, qui avaient servi d'abri aux premiers habitants de ces contrées. Saint Martin se choisit à proximité de Tours un asile, un refuge. Il se fait de l'une de ces excavations sa demeure préférée. Chaque jour il viendra, sous les saules du fleuve, à son modeste évêché, traiter des affaires qui s'imposent à sa sollicitude, donner audience à ses prêtres ou aux fidèles qui ont besoin de ses conseils et de sa direction; chaque jour il retournera à sa chère solitude. Que j'aime à me le représenter dans ce pauvre rocher resté fameux, que la vénération populaire entoure, où vous allez prier, mes frères, où j'ai voulu retourner moi-même prier ces jours-ci, afin de m'y pénétrer davantage du parfum des vieux souvenirs! Que j'aime à le voir prolonger ses veilles, penché sur le livre des Évangiles, agenouillé devant une image ébauchée du Crucifié, puisant dans l'oraison, aux sources les plus vives et les plus vivifiantes, pour lui et pour ses frères, son riche trésor de sainteté!

Nova et vetera. J'arrive sur ce point comme sur les précédents aux explications. Le mal dont se plaignait déjà saint Augustin, et qu'il caractérisait d'un mot presque réaliste, *evisceratio mentis*, est devenu le mal accentué de notre temps. Tous, simples fidèles et prêtres, entraînés, emportés à l'action extérieure, aux bruits et aux dissipations de la vie de chaque jour, comme des soldats sur un champ de bataille, nous courons risque de nous dépenser tout entiers au dehors. Le recueillement, cette opération d'une si grande valeur et d'une si grande beauté, par laquelle nous rentrons en quelque sorte des bords et de la circonférence de notre être moral au centre, pour nous y ressaisir, nous devient d'une difficulté extrême. Chose déjà regrettable, profondément regrettable, quand l'activité excessive s'emploie et se consume au bien, à plus forte raison lorsqu'elle n'est dévorée que par les prétendues obligations d'une existence toute mondaine! Hommes et femmes du monde, n'est-il pas vrai que vous vous consumez outre mesure à faire face aux exigences, à la tyrannie des exigences de votre situation? Vous nous l'avouez quelquefois, vous nous dites que cette perpétuelle obsession des futilités de la vie vous est à charge, vous lasse, vous écœure; que, le soir venu de vos journées les plus brillantes, vous éprouvez un vide douloureux, et d'instinct aspirez à quelque chose de meilleur. Vous avez, à votre insu, faim et soif de recueillement; je ne sais pas dans quelle mesure il vous est possible de vous en ménager le bienfait; je sais qu'il est infiniment désirable que vous en trouviez une, et que vous ayez la sagesse de vous y tenir.

Et nous, chrétiens de profession, et nous, prêtres, de qui la

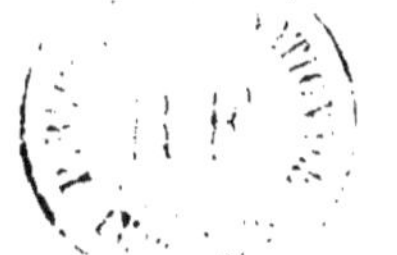

plus sincère ambition est de servir la cause aimée de l'Évangile et de Jésus-Christ, persuadons-nous que nulle action publique n'est puissante, n'est féconde si elle n'a pour point d'appui et pour support l'union intime de l'âme avec Dieu. Chers jeunes gens du sanctuaire, je vous aperçois groupés et recueillis; laissez-moi une fois de plus me tourner vers vous, comme je l'ai fait un de ces derniers jours, et m'adresser affectueusement à vous, *fratres sancti vocationis cœlestis participes*[1]; mes frères dans le sacerdoce, mes jeunes frères, vous aurez à votre tour, plus tard, quand vous nous suivrez sur tous les chemins de la vie, votre part d'activité publique; il est probable que vous aussi, entraînés par la fièvre des temps, vous connaîtrez cette disette et cette difficulté du recueillement salutaire.

De grâce, tandis que vous vous préparez aux devoirs qui vous attendent et que tout vous le permet, habituez-vous à la prière, au silence de l'esprit et du cœur, aux saints colloques de l'âme avec le Maître qui vous appelle : *Magister adest et vocat te*[2]. Que l'habitude une fois prise devienne un besoin impérieux, qu'elle subsiste partout et toujours, qu'elle emplisse, soutienne, console et féconde votre vie.

Messeigneurs,

Ces développements émus, où ma pensée m'engage, me rappellent un souvenir qu'il est deux fois légitime d'évoquer devant vous. Il y a quelques jours à peine, vous vous rencontriez à Orléans pour honorer de nouveau, et dans une solennelle manifestation, la mémoire du grand évêque dont le nom inspire et impose la reconnaissance, l'admiration, le respect. Quel est le trait marquant de la vie de Mgr Dupanloup? Par où se recommande-t-elle surtout à notre attention édifiée et à notre imitation? Précisément par le rare spectacle qu'elle présente d'une alliance constante de l'esprit intérieur et de l'activité publique, du labeur écrasant et de la prière. C'est merveille de voir, et pour ma part je remercie son pieux biographe de nous l'avoir si bien montré, à quel point

[1] Hebr. iii, 1.
[2] Joan. xi, 28.

Mgr Dupanloup, sous le poids des affaires les plus diverses, au milieu des relations les plus multipliées, dans le feu d'une polémique dont l'écho remplissait le monde, condamné chaque jour à la fatigue d'une correspondance immense, savait se réserver la liberté sainte du recueillement. L'oraison, la lecture des saintes Écritures, la visite au saint Sacrement, pas une de ces chères habitudes de sa jeunesse cléricale n'avait fléchi devant l'assaut des choses du dehors. Comme saint Martin, l'évêque d'Orléans s'était fait, même en plein monde, un lieu sacré, un refuge inviolable, où son âme, plus près de Dieu, seule avec Dieu, amassait ses trésors.

Et Lacordaire! J'ai besoin de le nommer à son tour. Lacordaire, tel que nous l'ont fait connaître les révélations admirables de l'un de ses frères et de ses fils; Lacordaire, le grand orateur religieux de ce siècle, le prophète des temps nouveaux, celui dont l'incomparable accent soulevait et transportait tout ce que sa génération comptait de nobles cœurs, de jeunes et ardentes natures éprises de vérité et de beauté, où donc lui aussi puisait-il ses plus puissantes inspirations? Dans l'intimité avec Jésus-Christ, dans la fidélité quotidienne à la prière et aux profondes méditations. Les matinées des jours glorieux pour lui où il devait parler devant un public enthousiaste, sous les vieilles voûtes de la métropole de Paris, savez-vous ce qu'il faisait? Il se tenait debout contre une colonne de la crypte de l'église des Carmes, les bras en croix, pour rendre plus vivants et plus pénétrants les souvenirs de la Passion du Sauveur. Et il partait de là, il sortait de cette étreinte chaude, de ce baiser ardent du Crucifié, pour monter dans la chaire de Notre-Dame! Il vivifiait son génie, il le baptisait à la source même de la piété. Cette crypte je la connais, cette colonne je l'ai vue, je ne veux pas mourir sans la revoir encore.

Saint Paul disait aux chrétiens d'Éphèse : « Je demande à Dieu de vous affermir puissamment dans l'esprit intérieur : » *Hujus rei gratia, flecto genua ante Patrem Domini Jesu Christi, ut det vobis virtute corroborari in interiorem hominem*[1]. J'ose faire pour nous tous ici, mes frères, cette prière opportune partout et toujours,

---

[1] Ephes. iii, 16.

mais dont l'opportunité, à cette heure, est rendue plus pressante par les conditions mêmes de vie où nous sommes engagés. *Interiorem hominem*, c'est deux fois une nécessité pour l'homme de ce temps. *Nova et vetera.*

Ai-je réussi, mes frères, dans ce rapprochement que j'ai tenté d'établir entre le siècle de saint Martin et le nôtre, entre les ressources surnaturelles qui ont été l'élément de la grande action de l'apôtre des Gaules sur son époque, et celles qui à notre tour, si nous en usions virilement, nous permettraient d'exercer une influence décisive, ai-je réussi à vous faire partager mes convictions? Il me semble que, tout insuffisante qu'elle soit, cette étude n'est point pour vous déplaire, qu'elle vous laissera, en attirant vos réflexions, une salutaire impression.

Sainte et chère foi de Jésus-Christ, foi de l'Évangile, née avec les premiers apôtres et surtout avec saint Martin sur le vieux sol de notre patrie, qui as poussé sous Clovis et Clotilde tes premières fleurs, qui sous Charlemagne as commencé de t'ouvrir, et après de rudes saisons t'es épanouie sous saint Louis, il t'a fallu connaître et traverser les orages du XVIe siècle, pour redevenir plus belle et plus féconde au grand siècle, avec les Bérulle, les Vincent de Paul, les Ollier, les Bourdaloue, les Bossuet! De nouvelles rigueurs t'attendaient au siècle qui précéda le nôtre; Voltaire et l'Encyclopédie conjurés contre toi devaient te livrer une guerre à outrance. Dans notre siècle presque achevé, que de destinées diverses! Relevée au début des fureurs insensées de la Révolution, tu as repris ton essor, et si tu souffres encore aujourd'hui, du moins tu es honorée, tu t'imposes au respect, tu fais naître les grands espoirs.

Oh! oui, les grands espoirs! C'est sur ce mot consolant, messeigneurs et mes frères, que je veux clore ce discours. Nous finirons bien par renverser les préjugés et les malentendus qu'on nous oppose. Il faudra bien que l'on comprenne qu'en vérité nous ne cherchons pas le triomphe d'un parti, que nous ne cachons point sous le drapeau de l'Évangile d'humaines ambitions. Nos ambitions vont plus loin, nos visées sont plus hautes. Qu'on le sache donc une fois pour toutes, saint Martin, l'apôtre des Gaules, a fait, il y a quinze cents ans, la France chrétienne: nous voulons la refaire, et par les mêmes pacifiques moyens que lui, les mêmes vertus que lui, et nous sommes décidés, comme lui, à lutter, travailler, souffrir, mourir. *Non recuso laborem.* C'était sa devise, il faut que ce soit la nôtre, et nous la transmettrons à ceux qui viendront après nous. Elle a été le secret des transformations du passé, elle fécondera l'avenir. *Nova et vetera.*

Amen.

www.ingramcontent.com/pod-product-compliance
Lightning Source LLC
LaVergne TN
LVHW010213070726
842528LV00014B/1251